AF370059

DECLARATION
DV ROY, PORTANT
Attribution aux Vendeurs &
Controlleurs de vins. *may 1635*

Verifiée en la Cour des Aydes le 16. de May mil six cens trente cinq.

A PARIS,
Par P. Mettayer, A. Estiene,
Imprimeurs ordinaires du Roy.
M. DCXXXV.
Auec Priuilege de sa Majesté.

OVIS par la grace de Dieu Roy de France & de Nauarre, A tous presens & à venir, Salut. Pour establir vn bon ordre au faict de la marchandise de vin, conseruer nos droicts d'Aydes & Police, le prix des vins qui se vendent en nostre bonne Ville & Faux-bourgs de Paris, Tant en gros que destail, qui ne se peut mettre pour ledit destail par les Iuges de Police, que par la cognoissance qu'ils peuuent auoir du prix des vins qui se védent en gros sur les Ports, Places publiques, Cours, Caues, Solles, Scelliers & autres lieux & endroicts de nostredite Ville & Faux-bourgs, par les Marchands de vins d'icelle, les Douze Marchands de vins, & Vingt

cinq Cabarettiers de noſtre Cour, les
Vignerons & autres perſonnes, Les
Roys nos predeceſſeurs auroient creé
& erigé certain nombre de Iurez vendeurs & Controlleurs de vins, Sildres,
& autres menues boiſſons, Par le moyé
deſquels leſdits Vignerons, Marchans
forains, tant de ceſtedite Ville, qu'autres, reçoiuét vn grand ſecours, D'au-
tant qu'auſſi toſt qu'ils ſont arriuez ils
s'addreſſent auſdits Vendeurs & Controlleurs , pour payer par eux par
auance les impoſitions d'entrée , &
les voictures , & incontinent que
leur vente eſt parfaicte, leſdits Marchands ſont payez du prix de leurſdits
vins par leſdits Vendeurs, ſans aucuns
frais, ny ſejour, pour le recouurement
de leurs deniers. Ce qui a porté vne
grande augmentation à nos droicts
d'Aydes. Et pour empeſcher les
fraudes qui ſe commettoient par leſ-

dits Marchands & autres, au faict de ladite marchandise, & faciliter la perception de nosdits droicts d'Aydes, Nosdits predecesseurs Roys ont faict plusieurs Edicts & Declarations, verifiez en nos Cours de Parlement & des Aydes, qui obligent lesdits vendeurs & Controlleurs d'auoir vn Bureau sur lesdits Ports & places publiques, à l'instar du Fermier de nos Aydes, pour y estre par eux faict l'estat, registre & controlle de tous les vins vendus en gros en ladite Ville & Faux-bourgs. Et y auoir recours par lesdits Marchands de vins & autres personnes, lesdits registres & controlle, contenant les noms & surnoms, tant desdits Marchands Vendeurs, que ceux des achepteurs, & leurs qualitez & demeures, les prix, quantité de jauges des vins vendus en gros esdits lieux, & les iours que la vente en aura esté faicte, auec

deffenſes à tous Marchands de vin de ladite Ville & autres perſonnes, d'enleuer aucuns vins, Sildres & autres boiſ-
ſons qu'au prealable ils n'ayent eſté regiſtrez & controllez par leſdits Vendeurs & Controlleurs, ou l'vn deux,
aux peines y contenues, Sur la contra-
uention deſquels Edicts & Arreſts, &
ſur l'interpretation de noſtre Declarations du deuxiéme Nouembre 1625.
contenant ledit droict de regiſtre
& controlle, ſe ſont formez pluſieurs
procez & differends, tant en noſtre Co-
ſeil, que Cours de Parlemét & des Aydes, qui conſomment nos ſubjets en
grands frais & deſpens. Ce qui va à la
diminution de nos droicts d'Aydes, &
faict que la Police ne peut eſtre exercée
pour les vins qui ſe vendent en deſtail.
Tellemét que nos Ordónances, Edicts
& Arreſts tant de noſtre Parlemét, que
Cour des Aydes, demeurét preſque ſans

execution, Dont nous auons receu des plaintes en noftre Confeil. A CES CAV-SES, Defirant par vn bon ordre & reglement, faire ceffer lefdites plaintes, procez & differends : Apres auoir faict voir en noftredit Confeil, lefdits Edicts & Declarations des annees 1556. 77. 87. 612. 625. & 1653. verifiez en nos Cours de Parlement & des Aydes, Enfemble les Arrefts és annees 1565. 75. 94.1608. 1614.1623. & autres donnees pour raifon de la charge & fonction de Vendeurs & Controlleurs de vins de ladite Ville, Et ce que doiuent obferuer lefdits Marchands de vins, Hoftelliers & Cabarettiers de noftredite Ville & Faux-bourgs , pour l'execution defdits Arrefts & Reglemens faicts fur le fait defdites Marchãdifes de vins, tant en gros, qu'en deftail. DE l'aduis de noftredit Confeil , & de noftre plaine puiffance & authorité Royale, par

nos prefentes Lettres de Declaration,
Nous auons dict & ordonné, difons &
ordonnons, Que les quarante trois
Iurez Vendeurs & Controlleurs de noftredite Ville & Faux-bourgs de Paris,
continueront le Bureau qu'ils ont de
prefent fur les Ports, ou fe rendrons &
tiendrons aucuns d'entr'eux par mois,
ou par femaines, ainfi qu'ils aduiferont,
à l'inftar du fermier de nos Aydes, pour
faire le regiftre & Controlle de tous les
vins qui fe vendront en gros és Ports,
places publiques, Cours, Caues, Solles, Scelliers, & autres lieux & endroicts de noftredite Ville & Faux-
bourgs. Et pour le regard des autres
vins qui fe vendrót en gros fur les Ports
& places publiques, Caues, Solles, Selliers, & lieux adjacens de ladite vente,
Voulons que lefdits Vendeurs & Cótrolleurs facent lefdites ventes & Controlles, ainfi qu'ils ont accouftumez, &

qu'ils ſe trouuent à ceſt effect aux heu-
res portees par nos Ordonnances. Leſquelles ventes , Regiſtres & Controlles ſerót faicts en la preſence des Marchans Vendeurs & les noms, qualiṭez
& demeures des achepteurs, Les prix,
quantitez & Iauges deſdits vins, & les
iours que les ventes aurót eſté faites, eſ-
crites & enregiſtrees,cóformemét ànos
Edicts, Declarations & Arreſts , & ce
pour obuier aux fraudes & recellemés
qui ſe font iournellemét à nosFermiers
des Aydes, des quantitez & prix deſdits vins,& donner plus de moyen auſdits Vendeurs & Controlleurs de s'ac-
quitter de leurs charges , & les obliger
de tenir la main àce qu'il ne ſoit contreuenu à noſdites Ordonnáces,Edicts,
Arreſts & Reglemens , & Iugemens
donnez, tant pour la conſeruation &
perception de noſdits droicts,que pour
la Police de la marchandiſe de vins de
noſtre-

noftredite Ville & Faux bourgs de
Paris, Nous auons en interpretant &
augmentant nofdites Lettres de Declaration , du deuxiéme Nouembre
1625. & Edict du mois de Feurier
1633.attribué & attribués aufdits Quarante trois Vendeurs & Controlleurs
de vins en noftredite Ville & Faux-
bourgs, A Sçauoir, vn denier, faifant
auec les cinq deniers anciens dont ils
iouyffent, Six denierspour liure, de toutes les Ventes de vin , Sildres, & autres
boiffons qui fe feront d'orefnauāt à l'ef-
tappes, & places publiques , ou lefdits
Védeurs ferót acceptez pour Védeurs,
& vn denier & maille,qui fera auec les
deux deniers & maille, dont ils iouyffent,quatre deniers pour liure , qui leur
feront d'orefnauant payez pour droict
de regiftre & contiolle de tous lefdits
vins, Sildres, & menus boires, qui feront vendus en gros fur les Ports, Pla-

ces publiques, Cours, Caues, Solles, Selliers & autres lieux, & endroicts de noftre Ville de Paris & Faux-bourgs d'i-
celle. Duquel droict de regiftre & Có-
trolle, les Douze Marchands de vins,
& Vingt cinq Cabarettiers de noftre
Cour, demeureront francs & exépts,
feulement de la quantité de vins, qu'ils
peuuent vendre en gros par priuilege,
fuiuant l'Arreft de noftre Confeil, du
fixiéme Iuilet 1634. Sans que lefdits
Vendeurs & Cótrolleurs puiffent pre-
tendre ny cótraindre lefdits Marcháds
Vignerons & autres, de leur payer que
l'vn defdits deux droicts feulement,
Defquels regiftres & controlles, lefdits Vendeurs & Controlleurs feront
tenus fuiuant nos Edicts & Arrefts de
noftre Cour des Aydes, de porter ou
enuoyer coppie de trois mois en trois
mois au Greffe, de l'Hoftel de noftredite Ville, pour y auoir recours par

nous ou nosdits Fermiers, Faisant tres-
expresses inhibitiós & deffenses ausdits
Douze Marchands & Vingt cinq Cabarettiers de nostre Cour & suite, & à
tous autres d'enleuer ny permettre estre
enleué aucuns vins, Sildres & boissons,
par eux Védus en gros sur lesdits Ports,
Places publiques, Cours, Caues, Solles, Selliers & autres lieux & endroits
publics, & particuliers de la Ville &
Faux-bourgs de Paris, qu'auprealable
il naist esté enuoyé au Bureau desdits
Vendeurs & Controlleurs, faire faire
lesdits enregistremens & Controlle,
prins acquis d'eux, & payé leu rsdits
droicts, ainsi qu'il se faict à l'esgard du
Fermier du gros, A peine contre cha-
cun des contreuenants de confiscation
desdits vins, & de Cinq cens liures d'a-
mende, pour raison : Lesdits Vendeurs
& Controlleurs, pourront procedder
par voyes de saisies & Arrests en vertu

des coppies des preſentes Lettres de Declaration , collationées par l'vn de
nos amez & feaux Conſeillers & Se-
crettaires ſur tous les vins, Sildres &
boiſſons, qui ſe trouueront auoir eſté
vendus en gros ſans auoir eſté regiſtrez
& controllez par leſdits Vendeurs, ou
l'vn deux, & leurs droicts acquittez. Au
payement deſquels, leſdits Marchands
& autres ſeront contraincts par toutes
voyes deuës & raiſonnables , meſmes
par ſaiſie & vente de leurs biens, Nonobſtant oppoſitions ou appellations
quelconques , pour leſquelles ne ſera
differé; Voulós auſſi que leſdits Arreſts
cy deſſus mentionnez , ſoient exacte-
ment entretenus, gardez & obſeruez
de point en point par noſtredite Cour
des Aydes, pour regle & loy certaine
de la conſeruation & perception de
noſdits droicts d'Aydes, & auſſi pour
le bien & vtilité de nos ſubjets, en ſorte

que tous ceux qui contreuiendront à
iceux, foient condamnez & multez
de peines & amendes portez par iceux,
& au payement de nofdits droicts, &
de ceux defdits vendeurs & Controlleurs, conformément à noftre Declaration, du vingtiéme Iuillet 1622. verifiée en noftre Cour des Aydes, & aux
Arrefts rendus en cas de contrauétion,
& fans auffi qu'au moyé de ladite aug-
mention de droicts, lefdits vendeurs &
Cótrolleurspuiffent eftretaxezcy apres
à plus gráde fomme que les cinquante
liures qu'ils payent annuellement aufdits Preuofts des Marchands & Efche-
uins de noftredite Ville, à caufe de la
difpence qu'ils ont obtenue de nous,
d'aller ou fe faire porter à l'Hoftel de
ladite ville pour refigner leurs Offices
en perfonnes. Pour iouyr par lefdits
vendeurs & Cótrolleurs defdits droicts
d'augmentation, tant de regiftre &

controlle , que de vente conjoincte-
ment auec les anciens droicts, En payãt
dans vn mois és mains du Tresorier
de nos parties Casuelles , Maistre Iean
Martineau, ou du porteur de ses quit-
tances, les sommes ausquelles ils seront
pour ce moderement taxez en nostre-
dit Conseil, Et à faute de les payer, il
sera loysible de rembourser les refusans
& y faire pouruoir d'autres en leur lieu.
SI DONNONS EN MANDEMENT,
A nos amez & feaux les Gens tenans
nostre Cour des Aydes à Paris, Preuost
des Marchands & Escheuins de ladite
ville, & à tous autres nos Iusticiers &
Officiers qu'il appartiendra, Que nos
presentes Lettres de Declaration, ils
facét lire, publier & registrer, & le có-
tenu en icelles garder & obseruer de
point en point seló la forme & teneur,
& sans y contreuenir, ny souffrir d'y e-
stre contreuenu en aucune sorte & ma-

niere que ce ſoit, & faire iouyr leſdits
vendeurs & Controlleurs plainement
& paiſiblement deſdits droicts, Nonobſtant oppoſitions ou appellations
quelconques, La cognoiſſance deſ-
quelles nous auons retenu & reſeruee
à noſtre Conſeil, & icelle interdite &
deffenduë à tous autres Iuges: CAR tel
eſt noſtre plaiſir, nonobſtant toutes Or-
donánces, Arreſts, Sentences, mande-
mens, deffenſes & Lettres à ce cótrai-
res, Auſquelles & au deſrogatoire des
deſrogatoires, nous auons deſrogé &
deſrogeons par ceſdites preſentes: Auſquelles afin que ce ſoit choſe ferme &
ſtable à touſiours, nous auons faict
mettre & appoſer noſtre ſeel, ſauf en
autre choſe, noſtre droict & l'autruy
en toutes. DONNE' à Neuf chaſtel
au mois de May, l'an de grace mil ſix
cens trente cinq. Et de noſtre regne
le vingt-cinquieſme. Signé, LOVIS,

Et plus bas, Par le Roy, DELOME-
NIE. Et à cofté, VISA. Et feellé du
grand feel de cire verte en lacs de foye
rouge & verte.

*Leu, publié & regiftré par le com-
mandement du Roy, porté par Mon-
fieur le Comte de Soiffons, affifté du fieur
Duc de Montbafon, Cheualier des
Ordres dudit Seigneur, et des
fieurs de Leon et Dormefon, Confeil-
lers en fes Confeils d'Eftat et Priué,
Ouy et ce requerant fon Procureur Ge-
neral, A Paris en la Cour des Aydes
les Chambres affemblees, le feiziefme
iour de May, mil fix cens trente-cinq.*

Signé,   BOVCHER.

*Collationné à l'Original par moy Confeil
ler, Secretaire du Roy, & de fes Finances.*